AF360972

Suitte des Residences Memorables

D'EUGENE FRANCOIS
Duc de Savoye et de Piemont.
Neuviéme Partie

Dans la quelle on trouve les Plans et Elevations, tant de la Cour des Escuries et Remises de Carosses
que du Magazin au foin, dont l'Entreé est prise par le grand Chemin de la Hongrie;
aussi bien que les Plans et Elevations du Palais d'Entreé du grand Jardin,
par le mesme chemin, ainsi en mesme Ligne du premier Batiment.
Le tout bâti par le S.r Iean Luca de Hildebrand.
et dessigné par le S.r Salomon Kleiner.
Et se trouve à Augsbourg chez les Heritiers de Ieremie Wolff
MDCCXXXVIII.
Avec Privilege de Sa May. Imperiale et Catholique.

Wunderwürdiges Kriegs= und Siegs=Lager
EUGENII FRANCISCI
Herzogen zu Savoyen und Piemont.
Neündter Theil

In welchem das Vor=Gebäude mit denen Stallüngen, das üntere Garten=Gebäude auf dem
Rennweg in Grund=und Aüffrissen samt dürchschnitten vorgebildet wird.
Aüfgeführt
dürch Herrn Johann Lucas von Hildebrand.
ünd daselbst abgezeichnet, dürch Herrn Salomon Kleiner.
Aügspürg in Verlegüng Ieremias Wolffs seel. Erben.
MDCCXXXVIII.
Cum Gratiâ et Privilegio Sacræ Cæs. Maj.

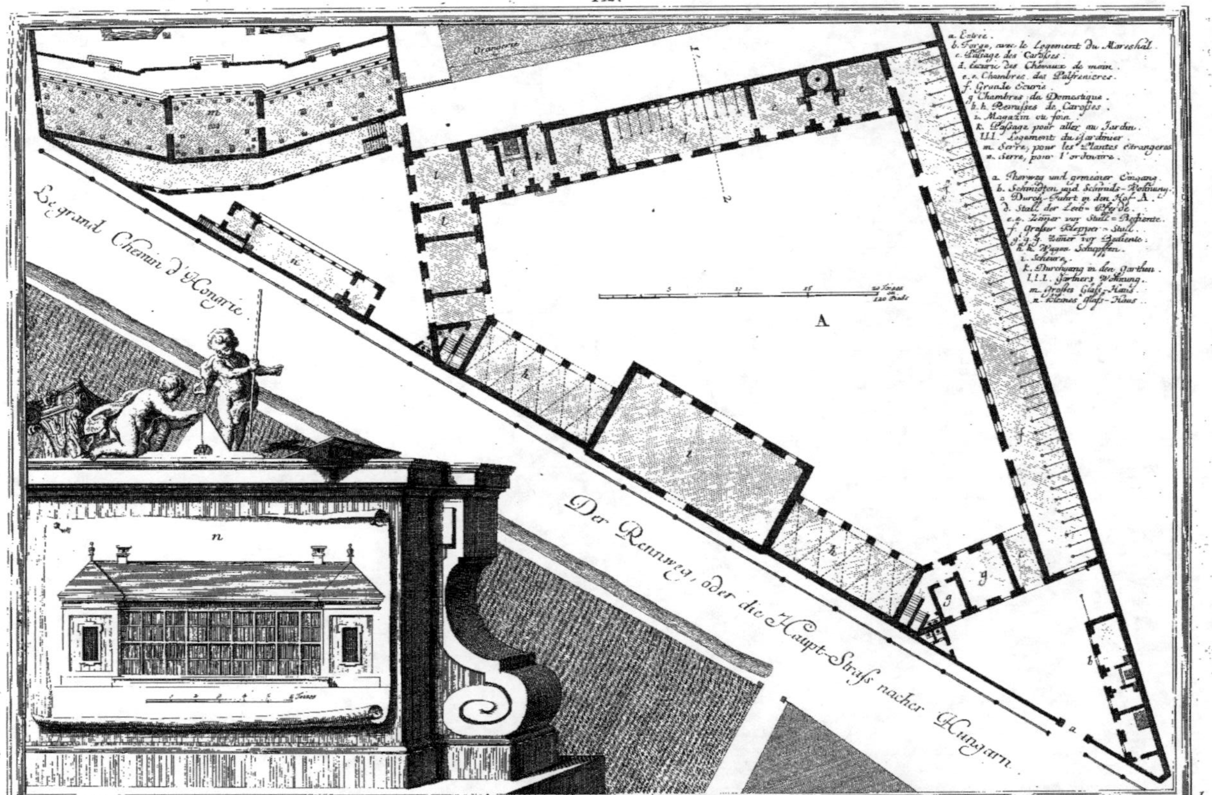

Plan de la Cour des Escuries, Remises de Carosse, et Magazin au foin.   Grund-Riß des Vorgebäudes.

Sal. Kleiner I.F.M.A.   Johann August Corvinus Sculpsit.

Cum Privil. Sac. Ces. Maj.   Herred Ieron. Wolff excud. Aug. Vind.

Veue du Palais situés au bout du grand Jardin, avec les 2 Parterres et Bassins, qui se trouvent entre les Bosquets et le dit Batiment.

Prospect des untern Gebäudes mit zweyen Parterren und Bassins, so zwischen denen Bosquets und besagten Gebäude liget

Cour des Ecuries, servant de Manege.   Inneres Ansehen des Hoffs A. bes.ᵗ Tab. 1.

Couppe de l'Escurie des Chevaux de main.   Jnneres Außsehen des Stalls vor die Leib-Pferde.

Cum Pr. Sac. Cæs. Maj.   Mart. Ior. Wolff exc. A. V.

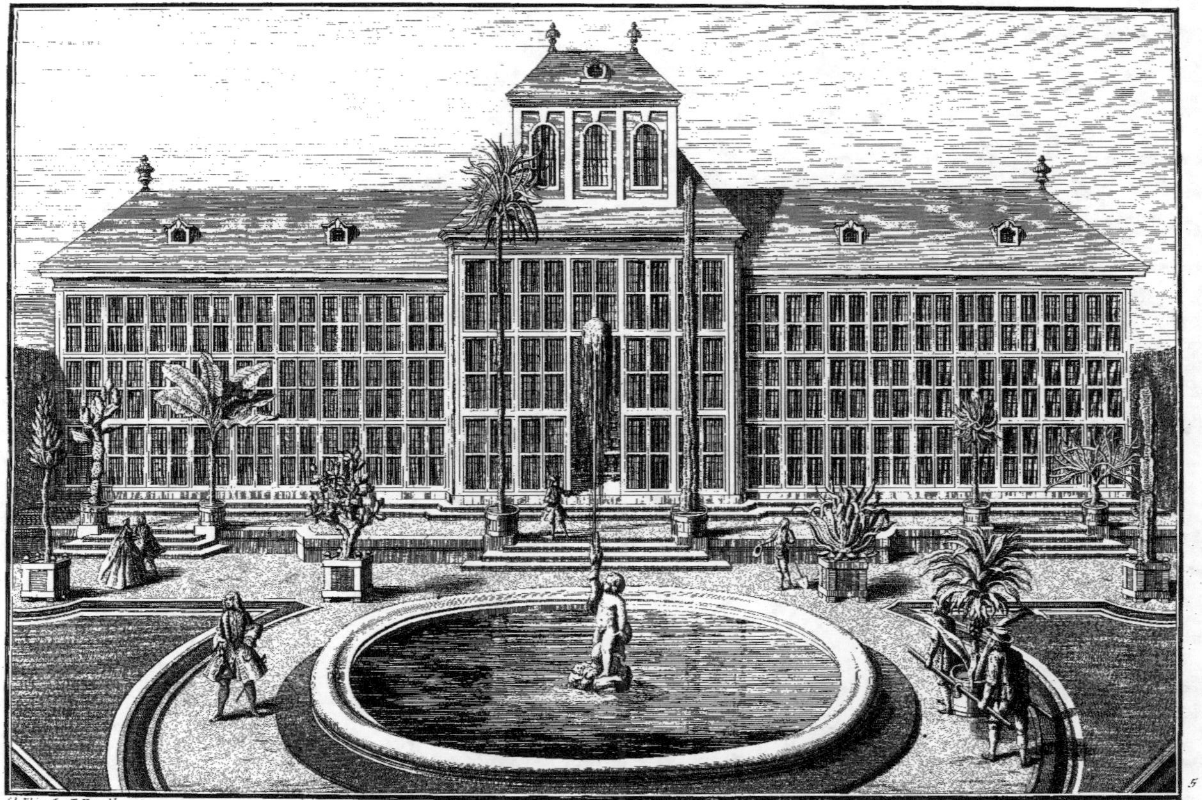

Sal. Kleiner Leg. E. Mog. del. Ioh. Bernhard Hattinger, Sculps. 5

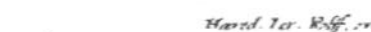

Veüe de la grande Serre, en Elevation. Prospect des großen Glaß=Haußes.

Cum Priv. Sac. Caes. Maj. Haered. Ier. Wolff, exc. Aug. Vind.

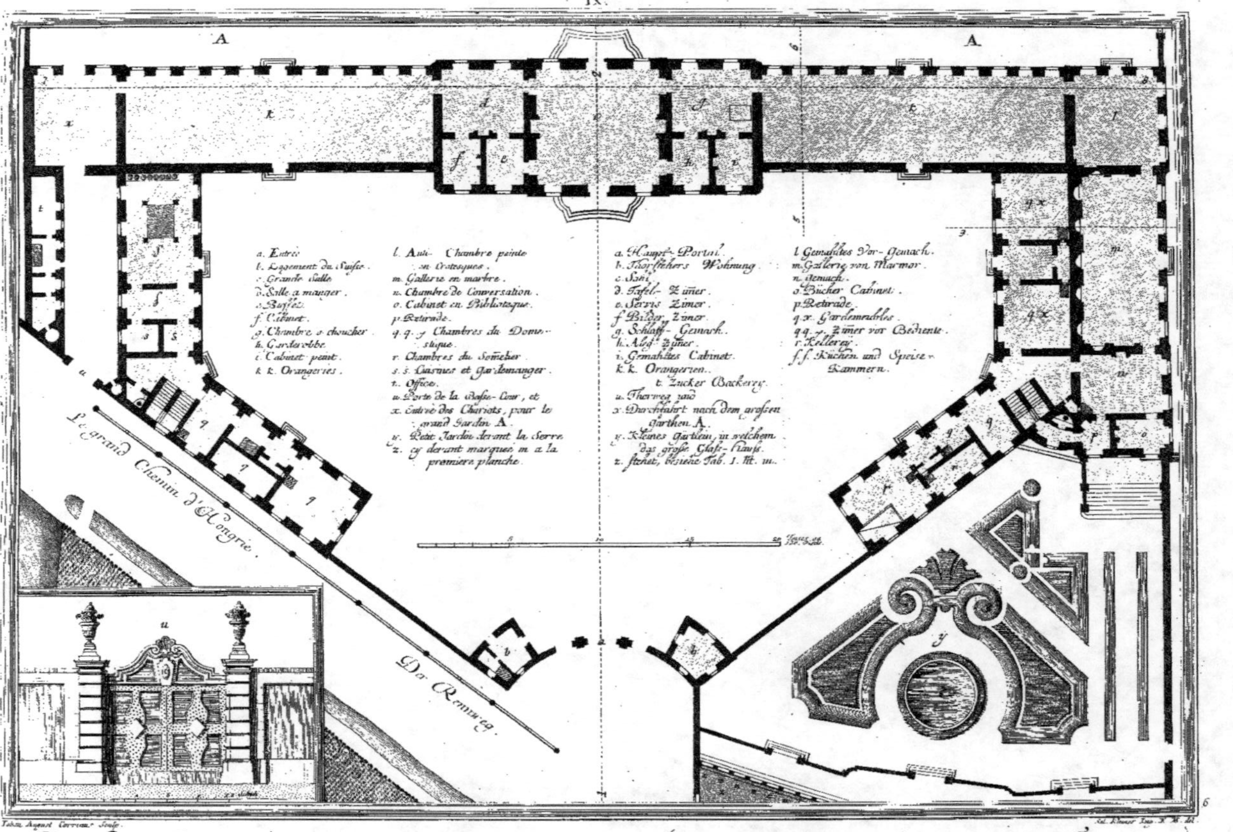

Plan du Batiment d'en bas avec le grande Cour.   Grund=Riß des untern Garten=Gebäudes.

Plan et Elevation de la Porte d'Entrée, par le grand
Chemin d'Hongrie.

Auf= und Grund=Riß des Haupt=Thors auf dem
Rennweg. vid. Tab. 5. a.

cum Privil. Cæs. Maj.

Marad. In Wien in A.V.

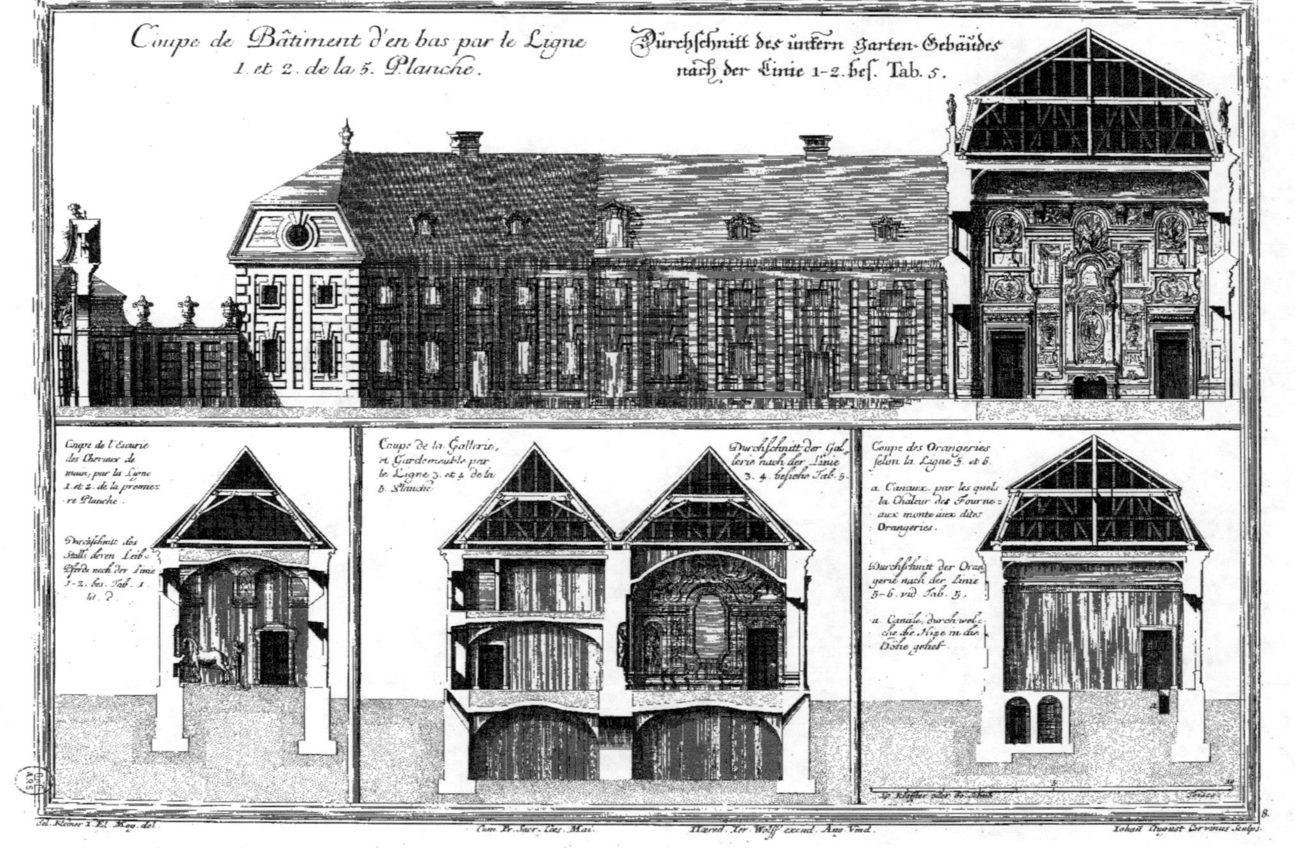

Coupe de Bâtiment d'en bas par le Ligne
1. et 2. de la 5. Planche.
Durchschnitt des untern Garten-Gebäudes
nach der Linie 1-2. bes. Tab. 5.

Coupe de l'Escurie
des Chevaux de
main, par la Ligne
1. et 2. de la premie=
re Planche.

Durchschnitt des
Stalls deren Leib=
Pferde nach der Linie
1-2. bes. Tab. 1
lit. 2.

Coupe de la Gallerie,
et Gardemeuble par
le Ligne 3. et 4. de la
5. Planche.

Durchschnitt der Gal=
lerie nach der Linie
3. 4. besiehe Tab. 5.

Coupe des Orangeries
selon la Ligne 5. et 6.

a. Canaux, par les quels
la Chaleur des Fourne=
aux monte aux dites
Orangeries.

Durchschnitt der Oran=
gerie nach der Linie
5-6. vid Tab. 5.

a. Canale, durch wel=
che die Hize in die
Höhe gehet.

Sal. Kleiner I. El. Mag. del.
Cum Pr. Sacr. Cæs. Mai.
Hæred. Ier. Wolff excud. Aug Vind.
Iohañ August Corvinus Sculps.
8.

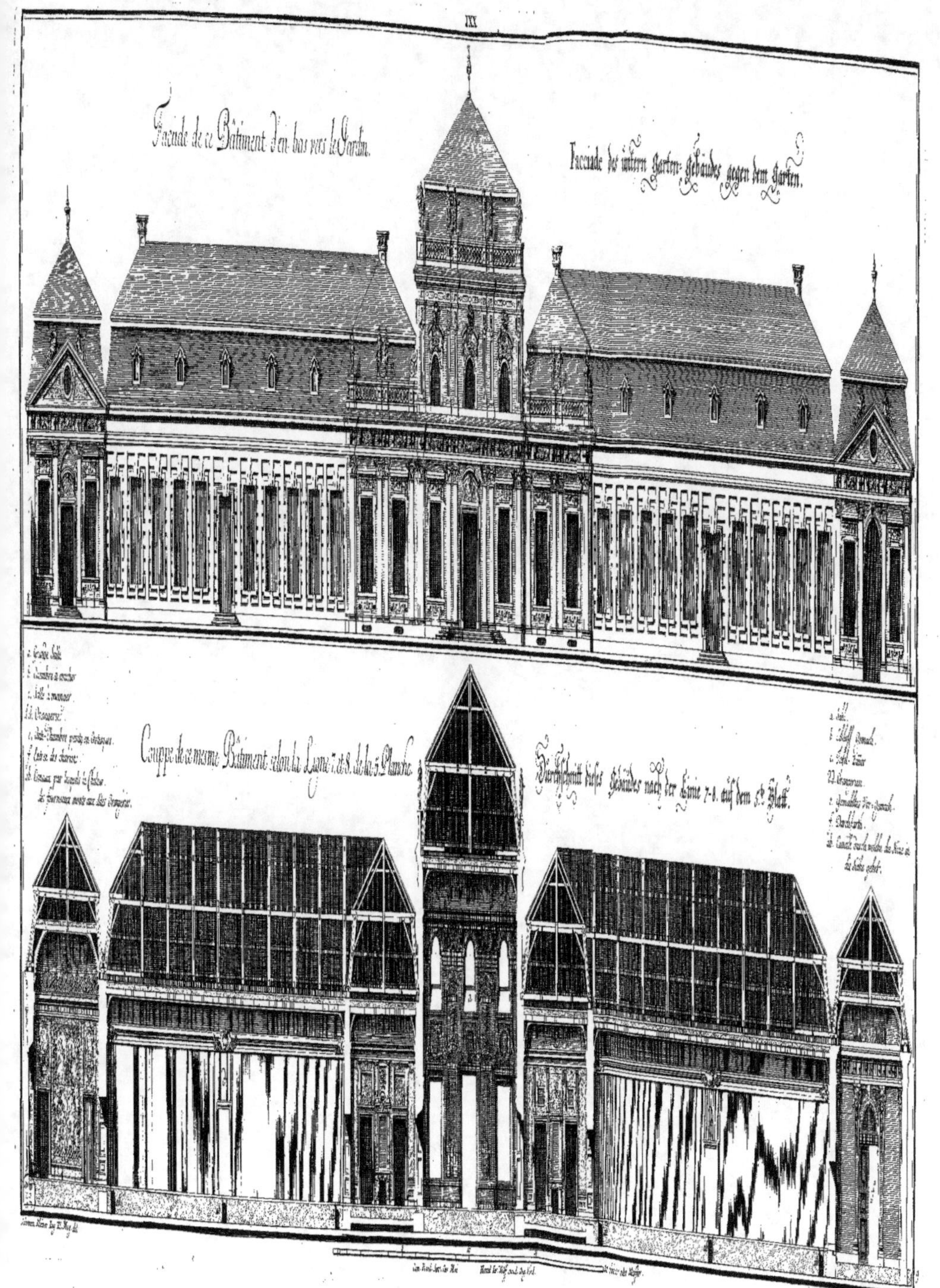

Facade de ce Batiment D'en bas vers le Jardin.
Faccade des untern Garten-Gebäudes gegen dem Garten.
Coupe de ce mesme Batiment selon la Ligne 7. et 8. de la 5. Planche.
Durchschnitt dieses Gebäudes nach der Linie 7-8. auf dem 5.t Blatt.